일원상, 행복하게 빛날 때

사진 _ 원광사우회
글 _ 이성심

일원상, 행복하게 빛날 때

사진 _ 원광사우회
글 _ 이성심

DongNam
동남풍

생활 속에서 발견하는 기쁨

생활 속에서 발견할 수 있는 원(圓)의 이미지들은 언제 보아도 마음을 숙연하게 합니다.

원기 91년 원광사우회에서는 대각개교절을 기념하여 '생활 속의 일원상 테마전' 을 기획했습니다.

그때부터 둥근 형상만 보면 카메라 셔터를 눌렀습니다. '생활 속의 일원상' 이란 주제를 가슴에 담아보니 의외로 눈에 많이 보였습니다. 버스를 타고가다 아파트 벽면을 장식한 커다란 동그라미가 눈에 밟혀 일부러 다시 찾아가 찍기도 했습니다.

하루는 용산역 광장 계단을 오르려는데 커다란 일원상이 석양빛을 받으며 환하게 빛나고 있었습니다. 늘 그냥 지나치는 용산역 내부를 자세히 보게 되었습니다. 혹시나 하는 마음에…. 표를 끊고 천장을 보니 크고 작은 동그라미가 미래를 향해 나아가는 작품으로 표현되어 있었습니다. 천장을 향해 셔터를 누르는 날보고 사람들 역시도 천장을 바라보더니 누군가 한마디 합니다.

"저거 뭡니까?"

"아, 네. 제가 좋아하는 동그라미인데 일원상이라고도 합니다."

알 듯 말 듯 가우뚱거리며 개찰구로 향하던 아저씨.

한 둥그러운 형상일 뿐이지만 보는 눈에 따라서는 조형물일 수도 있고, 신앙의 대상이 될 수도 있고, 마음에 위안을 얻을 수 있는 사연 깊은 맹세의 장도 될 수 있다는 걸 알았습니다.

이렇듯 많은 사진을 찍었지만 전시회에 내 놓을 만한 사진을 얻기란 쉽지 않았습니다. 몇 백장을 찍어야 겨우 작품 두세 개를 얻을 수 있었고, 그나마 전시회에 필요한 충분조건을 갖춘 사진을 찍는 것은 더 더욱 어려웠습니다.

원광사우회에는 훌륭한 선배 사진작가들이 많습니다. 생활 속의 일원상 테마전 전시회를 준비하며 선배들의 멋진 사진들을 전시회 한번 하고 마는 것이 너무나 아쉬었습니다. 이 작품들이 '생활 속에서 함께 할 수 있는 방법이 분명 있을 것' 이란 생각을 하다가 책으로 엮게 되었습니다.

훌륭한 일원상의 테마 사진에 외람되게도 떠오르는 생각을 덧대어 보았습니다. 설명을 하면 사족이 될 수도 있다는 점에 두려움도 함께 합니다. 하나의 사물을 놓고도 보는 이의 관점에 따라 이미지의 해석은 무한하기 때문입니다.

소박하게 만들어진 이 책을 통해 생활 속에서 행복하게 빛을 발하는 일원상을 발견하는 눈을 갖게 되었으면 합니다. 그래서 우리들의 삶이 항상 깨달음의 기쁨으로 충만하길 염원합니다.

편집실에서

목 차

목차

휴먼

제 1 테마

human

사람은 우주 만물 가운데 가장 신령한 동물로
이 세상을 아름답게 가꿀 수 있는 유일한 존재입니다.
지금 곁에 있는 모든 것을 진실로 사랑해 보세요.
감당하기 어려운 은혜가 쏟아집니다.

#1 염원

염원

염주 한 알,
염주 두 알,
헤아리고 헤아려 보아도
세상을 진정시킬 뾰족한 수는 나오지 않습니다.

염주 한 알,
염주 두 알,
굴리고 굴리다 보면
어느날,
한 소식 얻게 되겠지요.

누구에게나 손은 있습니다. 하지만 성자의 손은 생명, 평화, 환경을 위한 자비의 손으로 그 어떤 일이든지 마다하지 않습니다. 그래서 존경합니다.
이에 비해, 내 손은 지극히 가림을 많이 탑니다.
부끄럽게도 하고 싶은 일만을 위해 사용할 뿐입니다. 원만한 손을 지니도록 몸과 마음을 가꾸어 가는 나날이길 기도합니다.

#2 천진난만

천진난만

내게 필요한 것 단 하나, 그것은 무엇일까요?
행복, 사랑, 부모님….
갖가지 필요한 것들 중 우리에게 가장 필요로 하는 것은 만족 할 줄 아는 마음입니다.
그때 그 상황에 주어지는, 오직 그 하나에 만족하며 사랑을 찾고, 행복을 찾고, 미래를 찾는 밝은 눈을 가져야 합니다. 사람들은 '만족' 이라는 단어가 가진 참 행복을 잊고 사는 경우가 많은 듯 합니다. '안분하고 족함을 알라' 시던 성현의 말씀이 오늘 새롭게 가슴에 내려앉습니다.

그저 그 하나에 '만족' 할 줄 아는 천진동자처럼 또 하나의 그 무엇을 얻기 위해 정당한 욕심 이외의 마음을 가슴에 품지 않아야 합니다. 그 또 하나가 우리를 불행의 늪으로 밀쳐 버리면 돌이킬 수 없는 인생의 오점을 얻게 되는 순간이 올지도 모르기 때문입니다.

기쁨 가득한 얼굴에 늘 꿈이 깃들게 하시고,

그 꿈이 잘 자라 이 세상의 '희망동이' 되게 하소서.

내게 필요한

그

단 하나로도 만족할 줄 아는

큰 지혜 갖게 하소서.

#3 우주

우주

아이는 모래밭에 우주를 만들었습니다.

막대 하나 손에 들고 우주에 생명을 불어 넣습니다.
토끼, 금붕어, 우리 집, 유치원, 엄마, 아빠, 선생님….
그러고 보니 다 자신한테 필요한 것들만 열심히 그렸나 봅니다.
사람들은 지구라는 큰 세상에 살면서 각양각색의 생각으로, 다양한 모습의 삶을 살아갑니다.
이 아이처럼 또 다른 우주에 성을 만들어
내 세상이라고 자랑합니다.
하지만 먼 훗날 알 수 있습니다.
'내 것이다' 고 주장했던 그 내 것이
정말 '내 것이 아니었다' 는 사실을….

우리들만의 놀이

우리 이대로 놀게 해 주세요.
우리 이대로 낙원이게 해 주세요.
우리 이대로 꿈을 만들게 해 주세요.
우리 이대로 동심을 키워가게 해 주세요.

.

.

.

.

우리 이대로,
우리 이대로.

시대에 따라 놀이문화도 참 많은 변화를 가져왔습니다.
그 중에서도 변치 않는 것은

그 놀이를 하면서 즐거워하는 아이들의 웃음소리입니다.

그들만이 느낄 수 있는 재미와 기쁨,

어른들의 눈으로는 볼 수 없을 것입니다.

방울방울 공중을 향해 날아가는

희망의 비누풍선 되어

모든 시름 덜어 놓고

비누풍선 놀이에 마음을 함께 합니다.

소망을 담아보세요

저 어렸을 적엔 민들레보다는 크로바 꽃(일명 시계 꽃)이 더 지천으로 피어있었습니다. 크로바 꽃으로 시계를 만들고, 화관을 만들고, 목길이, 반시를 만늘어 봄날을 치장했던 기억이 새롭습니다.

그런데 어느 날부터 노오란 민들레가 신작로에 쭈-욱 피기 시작했습니다. 나중에 알고 보니 지천으로 피던 민들레는 우리 토종이기 보다는 서양 민들레가 주종을 이루고 있었습니다. 그도 그럴 것이 민들레 한 송이 필 때마다 몇십개의 꽃씨가 여물어 바람따라 씨가 뿌려지니 그 번식력을 이길 수 없었겠지요.

'하얗게 잘 여문 민들레 꽃 대롱을 잡고, 훅~ 불어서 모두 날려보내면 소원이 이루어진다' 는 속설이 있습니다. 새 봄엔 멀리 멀리 날아가는 꽃씨를 보며 소원을 빌어보세요.

깊고 간절한 곳에는 닿지 않는 곳이 없습니다. 바람따라 민들레가 자리를 탓하지 않고 새 꽃을 피워내듯 민들레와 같은 마음을 간직한 사람의 소망은 반드시 이루어 질 것입니다.

신명 –하나

"얼쑤– 잘한다."
구경꾼의 추임새 한마디에 힘차게 꽹과리가 울리고
북과 장구 장단에 맞춰 상모가 힘차게 돌아갑니다.
관중의 박수소리 울리는 신명나는 사물놀이.
아슬 아슬 힘든 곡예도 그저 신나는 가슴졸임,
돌아가는 저 상모 끝에 한해의 희망이 따라 붙고
그 염원도 덩달아 춤을 춥니다.

우리 딸 예쁘게,
우리 아들 건강하고 씩씩하게,
새해엔 여자 친구 꼭 생기도록,
올 한해도 우리가족 건강한 가운데 소원성취 이뤄지게 하소서.
.
.
.

염원이 많아지면 꽹과리 소리도 높아지고
힘차게 돌아가는 상모도
신명에 신명을 더하여 하늘로 솟구칩니다.

그 솟구친 힘만큼
우리들의 가슴도 덩달아 뛰곤 합니다.

신명–둘

너, 나, 우리 ….

무엇이 선이고 악이며, 무엇이 죄이고 복인가?
성냄도 기쁨도 한데 어우러진 그 자리.
분별지을 수 없을 만큼 그들은 한 소리에 홀딱 빠져 버렸습니다.
그 빠져버린 주인공을 바라보는 나도 함께 빠졌습니다.
여태까지 살면서 분간할 수 없을 만큼 무엇에 빠져본 적 있었던가?
가만히 물어봅니다.

빠져 본 적이 없었다면 인생을 다시 설계해야 합니다.
'지금부터 시작이다.' 생각하면서 정말로 내가 홀딱 빠져 볼
그 일에 혼신을 다해 시간을 투자하고
내 몸과 마음을 바쳐야 합니다.
지금 내가 가진 모습,
내가 가진 인연,
내가 가진 열정을 간직하기엔
시간이 머물러 주지 않기 때문입니다.

#8 신명 –셋

신명-셋

살면서-
뜻대로 되는 일이 없을 때,
두드리고픈 그 순간이 올 때,
가슴을 치며 통곡하고픈 순간이 올 것입니다.
무엇이라도 두드리고픈 그 날이 오면
나는 서슴치 않고 큰 북을 울려 댑니다.

가끔 큰 절을 방문했을 때 즐겨 찾는 자리가 있습니다.
깨우침의 북소리, 목어소리에
숱한 상념들을 잠재우고
은은히 울려퍼지는 새벽 종소리에
중생의 번뇌초를 스스로 멸하는 그 순간들.
일심으로 울려주는 한소리
정성으로 북 두드리는 손놀림.

삶은 어느 한 순간,
깨침의 연속이며
그 기쁨이 있기에 오늘도 신명나는 일입니다.
두드려라.
두드려라.
열림이 있을 때까지.

꽃이 핍니다

꽃이 핍니다.
긴 세월 시들지 않을 꽃이 핍니다.

염원이 담겼습니다.
건강과 명예와 합격의 염원들.
무병장수로 사람 꽃 피우는 간절함이 담겼습니다.

정성으로 피운 한 송이,
또 한 송이 꽃들이 조화(調和)를 이뤄
낙원 세상을 만들었습니다.

지금 그 자리에서
잘나고 못나고를 떠나
그 모습 그대로 꽃을 피우소서.
그 삿됨이 없는 한 송이 꽃이 있어
더
빛나는 자리입니다.

#10 희생이란

희생이란

뽐내지 않는 그 마음이 한결 같기에 이처럼 정갈한 아름다움을 가질 수 있나 봅니다. 내가 처한 그 자리에서 더 이상의 욕심이 없기에 숭고하고도 맑은 향내를 가질 수 있나 봅니다.

하나를 더하면 둘이 되고,
둘을 더하면 넷이 되고,
넷은 여덟이 되고….
그렇게 수없이 더했건만
결국 시발점과 똑같이 하나가 되고 말았습니다.
처음 하나는 발원의 하나요,
첫 물음입니다.
마지막 하나는 완성의 하나요.
해결된 그 마음입니다.

촘촘히, 차곡차곡 눌러 앉은 모습에서
배려와 희생을 배웠습니다.
아래 놓였다고,
위에 앉았다고 불평불만이 없습니다.

아름다운 하나는
무아봉공,
자기희생으로 그저 행하는 모습입니다.

#11 공존의 빛

공존의 빛

빛이 있어 어둠이 아름답고,
어둠이 있어 빛이 살아있음을 알았습니다.

생명은 홀로 존재하면 그 가치를 제대로 발휘하지 못합니다.
함께 어울려 존재할 때
생명은 더 위대하며 아름답습니다.

공존의 법칙도 그렇습니다.
천지와 인간의 아름다운 공존이 이 세상을 더 은혜롭게 가꿔갑니다.

오늘
소망의 등을 밝힙니다.
오늘 평화로운 인권세상을 위한 등을 밝힙니다.
이제
가정의 행복에 앞서
나라의 태평성대를
사회, 국가, 세계간의 평등세상을 염원합니다.
그렇게 염원하다 다시 또 염원하다 다 닳아버린 촛불 사이로
정성어린 향기가 번져가고 차마 놓지 못한 대자대비의
성스런 눈웃음이 호렴합니다.

#12 자연의 원리

자연의 원리

최첨단 시대를 달리는 우리들의 삶에 조상이 남긴 유산은
보는 이로 하여금 정신적 풍요를 가져다줍니다.
순수한 자연의 것, 원재료만으로도 훌륭한 예술작품을
만들어 내는 지혜를 지녔던 선조들.
편한 것과 빠른 것을 추구하는 이 시대의 생활인들에게
과거의 것은 자칫 '촌스럽다' '불편하다'는 한마디에
제 가치를 드러내지 못하기도 합니다.

그러나 가만히 들여다보십시오,
정성이 느껴집니다.
살림의 은혜로 만들어졌습니다.
하나와 또 하나의 만남으로 완성된 순수의 미는
오늘날 우리들에게 심플함(simple)의 참 의미를 알게 합니다.

자연

제 2 테마

nature

자연은 기쁨이요, 즐거움이며 보람입니다.
자연은 늘 새로움으로 우리를 흔들어 깨우는
요정이기 때문입니다.
마음이 머무는 그 자연의 숲으로 떠나 보십시오.
포근히 감싸주는 그 품안에서 새 힘을 얻게 됩니다.

#13

밤 사이

당신이 안락했던 그 밤,
누군가에겐
생사의 갈림길이었습니다.

당신이 새 힘을 얻었던 그 밤,
누군가에겐
고통의 긴 터널이었습니다.

희로애락 생로병사의
모든 것을 포용하는 그 밤이 있었기에
새 아침은
진주이슬처럼
찬란한 것인가 봅니다.

#14 향기

향기

꽃을 보러 갔다가 꽃한테 반해
꽃이 되어 버린 사람.
나도 또한 그대 찾으러 왔다가
그대한테 반해
또 한그루 꽃나무 되어 섰기로 한다.

– 나태주 –

새벽안개가 채 가시지 않는 연지(蓮池)에 다다랐을 때,
님을 향해 두 팔 벌려 온 마음을 향기를 내보내는 백련의 모습에 그만 푹 빠져버렸습니다.
열린 그 마음 속에 얼마나 기쁨이 가득할까?
나도 이렇게 활짝 온 마음을 열어 본 적이 언제였나? 하는 생각이 듭니다.

한편, 홍련이 샛노란 연밥을 살며시 내보이며 아침을 맞이하는 모습은 꽃 속에 꿀을 가득 머금은 형상입니다.
해가 뜨기 전, 그 노란 연밥 사이를 헤매며 향기를 캐내는 벌들의 부지런함을 보며 연잎들을 자세히 살펴보았습니다.
한 잎-
두 잎-
세 잎-
펼치는 하모니를 들어보니,
평화가 가득한 아침입니다.
연꽃을 마주하고 있으면 나는 마음이 편안해지며 내 안에 많은 꽃이 피고 있음을 느낍니다.

이제 막 꽃대가 올라온 꽃봉오리를 보니
처음이란 단어가 떠오릅니다.
처음은 늘 새롭습니다.
처음은 늘 설렙니다.
처음은 늘 사랑스럽죠.
처음은 늘 싱그럽지요.
나도
늘 처음처럼.

#15

손 내밀어 보세요

말라버린 듯,
굳어버린 듯,
외면했던 빛깔들을 되살리고
조용하니 생명 하나하나의 손을 잡고
그 고운 손을 내밀어 보세요.

소망의 외침은 마당 가운데 높다랗게 달고
하늘구름으로 날개 만들어
맑은 바람 한점씩 가만히 불러
살랑살랑
손잡고 웃으며 날아보세요.

움츠렸던 설렘들은 고운 옷 입혀 앞세우고
이산 저 산 날아다니며
긴 한숨들을 받아내어
고상한 언어로 고백도 만들어보세요.
미래는 꿈이 있어 다듬는 것
고운 계절의 사랑을 위해
손 내밀어 보세요.

#16 스타

스타

물이 흐르는 곳이면 그 어느 곳이든 생명은 피어납니다.
딱딱한 콘크리트,
두터운 아스팔트,
조그마한 틈 사이로 바람은 쉴 사이 없이
생명을 실어 나르고,
긴 세월 열망하는 거듭남의 과정은
이렇듯 오늘 푸른 이끼로
강한 것과 굳센 것을 정복했습니다.

결코 좌절하지 않겠다는 한 마음이 있었기에
오늘 푸른 콘크리트 둥근 기둥으로
우리를 만났습니다.

그리고
스타가 되었습니다.

#17 구수한 기억

구수한 기억

확독은 보리를 갈거나
숭늉용 쌀뜨물을 내리는데 흔히 사용하는 그릇입니다.
열무김치를 담글 때도
빨간 고추와 밥알을 조금 넣고 갈아서
양념으로 사용하였지요.
여름철 더위 먹었을 때,
익모초를 찧어 약으로 마실 때에도
역시 없어서는 안 될 그릇입니다.
비가 오면 그냥 비를 받아먹고
눈이 오면 또 그냥 눈을 받아먹으며
앉은 자리에서 한평생을 좋다 싫다 가리지 않고
가부좌 튼 선돌(禪石)로 앉아 있습니다.

요즈음
이 모든 정경을 믹서기가 대신하고 있습니다.
시골 부엌 뒤안이나 우물곁에 자리 잡은 이 확독은
이제 황학동 시장이나 고풍스런 집 정원에나
잘 어울리는 인테리어 상품이 되었습니다.
그래서 깔끔하게 잘 차려진 부잣집 거실에 앉아
호강에 겨워 자유를 잃고 말았습니다.
변해가는 세상사 앞에
잊혀져 가는 많은 추억의 편린들이
생각의 숲에 빠져들게 합니다.

지금도 잊을 수 없는 그 맛.
어머니께서 땡볕 내려쬐는 텃밭에서
빨갛게 잘 익은 땡땡한 고추를 따와
찬 밥 한 덩어리 넣고
고추밭 사이에 심어 놓은 싱싱한 열무에 버무려
흰 쌀밥을 먹던 기억입니다.

이게 바로 꿀맛이라던
아버지의 감탄사도 귓가에 들려옵니다.

#18

놀이

놀이

당신의 호탕한 웃음소리가 들립니다.
손뼉치며 안심하는 그 마음도 보입니다.

안과 밖,
그 차이는 무엇일가요.
동전하나에 염원을 담아 조심스레 던져보았지만
번번히 밖으로 향하고 맙니다.
'마지막이다' 스스로 결정하고 동전 하나에 염원을 담았습니다.

손에 좀 더 힘을 빼고 주문을 걸었습니다.
'진짜– 마지막이다'
'에라, 그냥 던져보자'

'하 하 하 –'
들어갔습니다.'
안심입니다.

#19

자물쇠 – 하나

빈 집이라
내가 필요한 것은 아닙니다.
어두운 밤이라 하여
꼭 필요한 것은 아닙니다.
내가 있어 안심을 주고,
자유를 주기위해
이 자리
이 시간에 나는 존재합니다.
존재,
그 자체로도 행복합니다.
그 이상,
그 이하,
지금이 가장 소중하며
모든 것에 다 만족합니다.

#20

자물쇠 – 둘

감출 것이 많아 필요한 것은 아닙니다.
소중한 것 지키고자 필요한 것도 아닙니다.
둥그런 작은 고리와 안성맞춤이기에
여기 이 자리에 있는 것입니다.

#21
최후

최후

처음엔 물기를 날려 보내고,
껍데기를 벗고,
하나되어 함께 했던 양분을 놓았습니다.
가진 것 내어주어 작은 싹이 자랄 수 있다면
얼마든지 튼실한 자신의 것 나눌 수 있는 멋스런 나무들.
환경에 맞게 자신을 키우며 '작다, 크다' 탓하지 않습니다.
오늘 이렇듯 깡마른 줄기로 남는다 해도
가진 것 모두 놓을 수 있는 힘을 보게 합니다.
그렇게 서서히
스스로 최후의 시간을
홀로 맞이하지만 외롭지 않습니다.
눈에 보이고 몸으로 느껴지는
기운으로 통해지는 모든 사물들이
결국
조화로운 세상을 만들기 때문입니다.

#22 이른 아침

이른 아침

이슬이 채 가시지 않은
이른 아침 들길을 걷다보면 사람들이 흉내 낼 수 없는
자연의 걸작들이 우리를 즐겁게 합니다.
집을 통째로 짊어지고 이사 가는 달팽이
스물네시간의 자유를 찾아 훨훨 날다 거미줄에 걸려버린
하루살이, 날파리, 잠자리 -
노랗게 새 순이 돋아 오르는 연한 잎 뜯어 먹는 새초롬한 애벌레.
하루를 시작하는 그 아침에 만나는 진귀한 풍경들은
자연스런 먹이 사슬들의 흐름이기에 따로이 형용할 수 없는
진리의 한 소식이 됩니다.
우리는 하루를 살아오면서 스스로 느끼지 못하는
많은 욕심의 그물을 만들어 놓습니다.
내가 만든 그 욕심의 그물로 인해 나와 다른 사람들이 피해를 볼
수 있습니다. 상생의 인연 사슬을 만들어 가야겠습니다.

#23 의지

의지

서로 힘을 주는 도구가 되어 세상에 쓸모 있는 존재로
거듭 날 수 있다면 내가 가진 힘 다 주어 네게 보태고 싶습니다.

수많은 쇠의 모양 가운데 가장 소중한 동그라미로 태어나 줄을
만나고 나무를 만나 당신의 의미 깊은 삶에 의지처가 되었으니
이보다 더 큰 기쁨 보람이 어디 있을까요?
오늘은 새 것으로 태어나 힘써 일하리란 다짐 한마디,
내일의 은혜를 낳고 미래와 행복을 약속합니다.

하지만, 삶은 늘 뜻대로 되지 않는 경우가 허다하고
그 때마다 쌓이는 고뇌 한 그릇, 두 그릇.
세월 흘러 녹물되고 그 쇳물은 의지가 돼준 기둥을 삭입니다.
생성과 소멸의 그 과정에서 있어지는 숱한 사연들.
오늘도 고개를 내밀며 고백합니다.
"그때가 좋았지만 거듭나는 과정이 있기에 지금도 훌륭하다고…."

차이나(china)의 수공예품

일본 여행길에 중국 상점에 들렀습니다. 멍석 패턴과 똑 같은 왕골 방석을 하나 구입했습니다. 모양이 동그라면서도 양면에 왕골이 있고 그 사이에 찬기를 없애주는 스펀지가 천에 싸여 있습니다.
언듯 보기에도 촌스럽지 않고 방에 바로 앉지 않아도 될 듯 하여 거금을 주고 구입했습니다. 부피가 커서 조금은 번거러웠지만 길지 않은 여행이라 부담없이 샀습니다.
한국 사람은 차이나(china)는 '차이가 난다' 고 싫어하는 경향이 있습니다. 공감을 하면서도 한편으로 그래도 '차이가 나는데' 하는 생각을 가지고 있습니다. 한국은 수공예품이 아주 비쌉니다. 하지만 중국은 한국에 비해 쌉니다.
그래서 전 중국 여행을 하게 되면 주로 수공예 제품을 눈여겨봅니다. 과거에는 이 멍석도 다 수공예품이었습니다. 심지어는 쌀을 담는 가마니도 수공예품입니다.

눈 내리는 긴 겨울, 저희 어머니는 뒷방에 가마니 짜는 기계 앞에 앉아 하루 종일 가마니를 짜셨습니다.
가마니를 짜기 위해서는 잘 손질된 짚이 필요합니다.

지푸라기 끝에 힘없는 껍질을 벗기고 튼튼하고 곧은 짚만을 이용하여 가마니를 짜게 됩니다. 양쪽에 사람이 앉아 한쪽에서 짚을 먹이면 저쪽에서 대나무 고리를 잡아 당겨 지푸라기를 차곡차곡 쌓아 갑니다. 물론 그 중심에 새끼줄이 턱하니 버티고 있습니다. 씨줄 날줄이 되어 엮어가듯 이리 저리 당기고 누르며 반복하다 보면 어느새 튼실하고 짱짱한 가마니 하나가 완성됩니다. 그렇게 하루 꼼짝없이 하면 다섯 개나 여섯 개의 가마니를 짭니다.

수공예품에 멍석의 패턴과 똑같은 모양의 정성이 꼭 그만큼 담겨 있습니다. 그렇기 때문에 정겨운 것이고 아끼고 싶은 것이 아닐까? 하는 생각을 해 봅니다.
요즘은 이러한 자연을 이용한 대작보다는 실생활에 필요한 소규모 공예품을 많이 만듭니다. 비즈공예나 십자수, 퀼트 등 각자가 할 수 있는 수공예품을 직접 만들어 보세요. 얼마나 정성이 들어가고, 완성 후에 애지중지 아끼게 되는지 –.
매끈하게 잘 빠진 공산품에 비하면 좀 못났거나 상품 가치가 떨어지지만 웬지 더 애착이 가는 이유는 무엇일까요?
바로 그 정성 때문입니다.
그래서 옛말에 '지성이면 감천이다' 는 말이나 '고슴도치도 자기 새끼가 젤 예뻐보인다' 는 말이 끊임없이 회자되나 봅니다.
꼭 그만큼의 정성과 사랑이 담긴 수공예품을 사랑합니다.

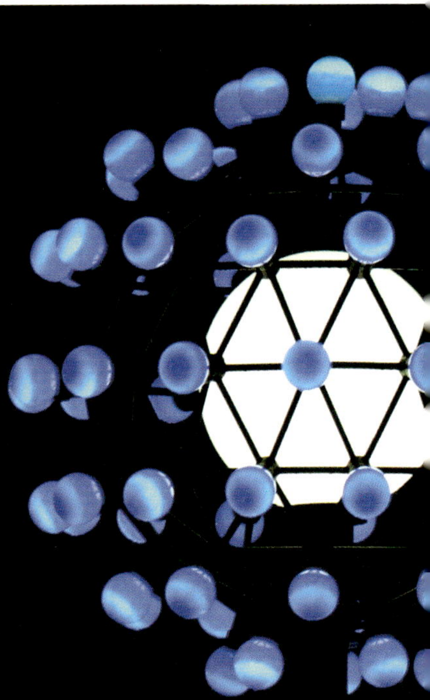

창조는 발전이요 향상이며 나아감입니다.
인위는 다시 태어나는 것이며 예술적인 표현이며
새로운 해석입니다.
살면서 두려움에 떨지 말며 깊숙한 내면의 소리를 듣고
그대로를 표현해보세요.
새로운 눈을 갖게 될 것입니다.

인위

제 3 테마

artificial

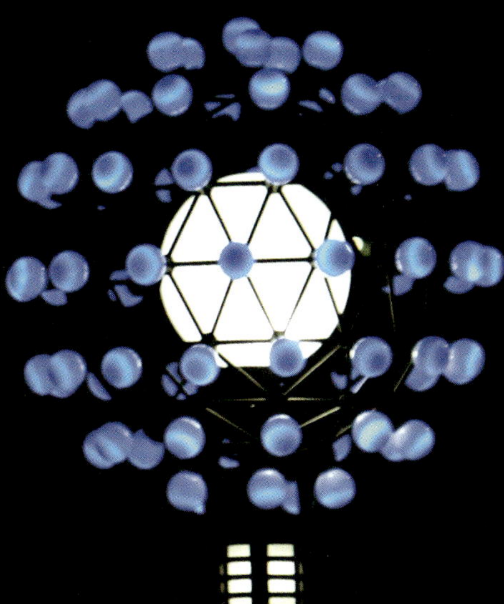

가슴에 품다

유는 무로 무는 유로
돌고 돌아 지극하면
유와 무가 구공이나
구공 역시 구족이라.

– 정전 〈게송〉 –

삶이 힘들거든 님을 가슴에 품어 보십시오.
삶이 행복해도 님을 가슴에 품어 보십시오.

가슴에 품어서 나타난 이 모든 현상은 진실이기 때문입니다.
희로애락, 시비이해도
진실 앞에서는 모두가 물거품이기 때문입니다.
오늘은 우상숭배가 아닌
진리불을 당신의 가슴속에 고이 모셔 가시길.
늘 외롭지 않게 하시고
늘 건강한 모습으로 활불의 삶으로 거듭 나시길.

#26 신비

신비

이 사진은 유럽여행 중에서 얻은 사진입니다.

이태리 밀라노의 중심가 두오모 광장에는 세계에서 가장 아름다운 쇼핑 거리로 일컬어지는 비토리오 엠마누엘레 2세(Galleria Vittorio Emanuele II) 갤러리아가 있습니다.

이곳은 거대한 아케이드로, 전통있는 유명한 카페와 부띠끄가 줄지어 있습니다. 갤러리아 가운데에 있는 천장은 돔의 모습입니다. 돔이 천장을 유리로 덮어서 2차세계대전 때 연합군의 폭격기들이 성당으로 착각해 폭격의 화를 피할 수 있었다고 합니다.

십자형 갤러리의 중심인 돔은 지구를 상징하고 그 아래 사면에는 아시아, 아프리카, 유럽, 아메리카를 상징하는 대륙의 여신그림과 타일 모자이크를 박아 놓은 것이 있습니다. 이는 건축가들이 온 세계를 비토리오 엠마누엘레 2세에게 바치겠다는 뜻을 표현한 것이라고 합니다. 가만히 돔의 천장을 올려다보면 그 규모에 주눅들 정도입니다.

아치형의 천장은 위에서 누르는 중력을 고르게 분산시키는 역할을 하기 때문에 건물을 더 오래도록 지탱시켜 주는 큰 힘이 된다고 합니다.

'둥근 일원상을 닮아 이리도 위대한 힘을 느낄 수 있는 것이라' 고 생각하며 돔을 향해 카메라 셔터를 눌렀습니다.

#27

계단

저 산 위에 다다르면 무엇이 있을까?
우람함을 자랑하며 묵묵히 억만년 한 자리를 지키는 태산 정상을
힙겹게 오르면 그 곳에서만 느낄 수 있는 독특한 것들이 있습니다.
그렇기 때문에 높고 낮은 산을 우리는 수없이 오르고 오릅니다.

도시에서 우리가 흔히 볼 수 있는 육교를 건너 보셨지요?
이쪽과 저쪽을 연결해 주는 육교는
우리를 행복하게 합니다.
가끔 육교에 서서 길 위를 끊임없이 달리는
차량들의 움직임을 주시하기도 합니다.
차의 길과 나의 길 –
과학의 발전은 그렇게 세상을 나눴습니다.

일본의 시인 하기와라 사쿠다로는
이렇게 노래했습니다.

"우울에 잠기면,
홀로 외로이 육교를 건너간다.
일찍이 그 무엇에도 타협하지 않고,
그 무엇에도 안이하지 않던
이 하나의 감정은 어디로 가야하나.
모든 것을 증오하고,
분쇄하고,
조소하고,
참간(斬奸)하고,
적개하고,
이 하나의 검은 그림자를 망토에 감싼 채,
홀로 외로이 육교를 건너간다.
저 높은 가공의 다리를 건너,
아득한 환등의 시가지까지–"
　　–육교를 건너다 중에서 –

여기 한 사람이 계단을 오르고 있습니다. 분노의 계단, 기쁨의 계단, 우울의 계단, 추억의 계단, 낭만의 계단 등 수없이 많은 계단을 오르지만 결국 염원하는 그곳은 행복이 가득한 곳으로 향하고 싶은 것이라 봅니다.
가슴 속에 드리워진 모든 경계를 다 감싼 채 오늘도 계단을 오릅니다. 낙원으로 향하는 그 계단을 –.

#28 내 삶의 주체

내 삶의 주체

스승님께서 말씀하셨습니다.
"한 큰 원상이 돌매
천만 작은 원상이 따라 도니니,
마치 원동기가 돌매
모든 작은 기계 바퀴가 따라 도는 것 같나니라."

-정산종사법어 원리편 7장-

먹구름이 가린 하늘도 비가 내리면 맑아지듯
우리의 마음도 무명의 검은 구름이 걷히고 보면
마음이 밝아져 시원해지는 것을 느끼게 됩니다.
근본이 밝아지면 그에 따른 모든 것들 역시 밝아지는 원리입니다.

오늘도 어둠이 내려앉은 세상을 밝히려 불을 켭니다.
코드하나로 삼라만상을 밝게 만들 수 있듯이
우리는 진리에 마음의 코드를 맞추어야겠습니다.
진리처럼 밝은 마음을 얻고자
진리처럼 밝은 지혜를 얻고자
진리처럼 밝은 행을 나투고자
진리에 합일하는 자세로 내 삶의 주체를 세워야겠습니다.

#29 비 오는 날

비 오는 날

날은 어둡고 쓸쓸하다
비 내리고 바람은 쉬지도 않고
넝쿨은 아직 무너져 가는 벽에
떨어지지 않으려고 붙어 있건만
모진 바람 불 때마다 죽은 잎새 떨어지며
날은 어둡고 쓸쓸하다

내 인생 춥고 어둡고 쓸쓸하다
비 내리고 쉬지도 않고
내 생각 아직 무너지는 옛날을
놓지 아니하려고 부둥키건만
지붕 속에서 청춘의 희망은 우수수 떨어지고
나날은 어둡고 쓸쓸하다.

조용하거라.
슬픈 마음들이여!
그리고
한탄일랑 말지어다
구름 뒤에 태양은 아직 비치고
그대의 운명은 뭇 사람의 운명이니
누구에게나 반드시 얼마간의 비는 내리고
어둡고 쓸쓸한 날 있는 법이니 –

헨리 워즈워드 롱펠로우의 시 '비 오는 날' 입니다.

누구에게나 얼마간의 비는 내리고 쓸쓸한 날은 있기 마련입니다. 다만 그런 날들을 어떻게 잘 견디느냐에 따라 삶은 달라집니다. 보는 눈에 따라서 구름 뒤에 식지 않는 태양을 바라보는 사람과 현실 속에 비춰진 검은 구름만을 바라보는 사람이 살아가는 삶의 자세는 다를 수밖에 없습니다.
용기를 갖는 일. 누구나 할 수 있는 일입니다. 오늘 비록 내 삶에 비가 내리고 쓸쓸한 바람이 일렁일지라도 한 순간임을 잊지 말아야 합니다. 비 내리는 오늘이 지나면 내일은 밝은 태양이 떠오르듯 자신의 밝은 내일을 위해 오늘 용기를 잃지 않는 마음이 제일 우선입니다.

흩어지는 빗방울이 용기되어 가슴을 파고드는 가을밤입니다.
흩어지는 빗방울이 생명을 살려내는 은혜가 되어주듯
그렇게 눈앞의 모든 현상을 감사로 바라보는 밝은 마음의 눈을 가져야겠습니다.

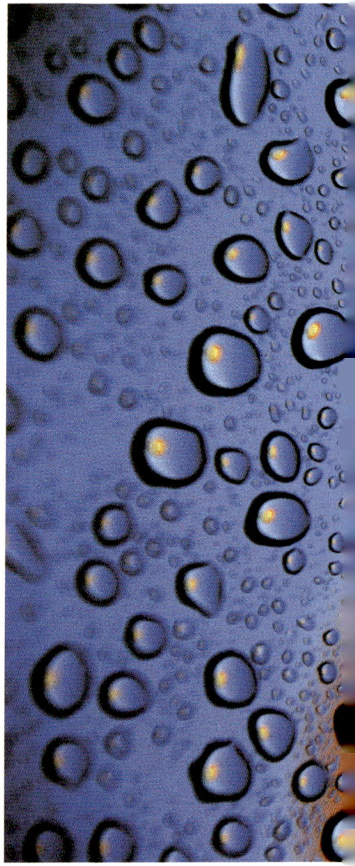

#30 아침

아침

조용히
가만히
살며시
시작되는
이 순간
새 날-.

밝음도
수줍은 햇살도
볼그레 새악시 볼인양
하냥 눈길 머물고

귀뚜리 온 새벽 몸으로 울어대고
소복히 내리는 진주이슬
새 생명 깨어나는 찰라의 되돌이표

아침은
님의 마음
내 법바라기
그 아침이 있어 깨어나는
기쁨 행진곡.

#31 희망등

희망등

어느새 참 열심히도 달려왔습니다.
아침에 출발한 여행길에 만나는 타향의 색다른 밤,
새 해 첫 새벽에 품었던 꿈을 이루고자 걸어온 한 해의 마지막 순간,
저마다 반짝이는 희망등을 켜고 오늘도 이 자리에 서 있습니다.

유명한 체 게바라가 쿠바를 떠나며 남겼던 한마디 말이 있습니다.
'내가 이루고 싶었던 그 많은 희망들 중에서 가장 순수한 희망만을 남겨 놓고 떠나갑니다.'

우리가 가진 그 순수한 희망이 있기에 사람과 사람간의 사랑이 싹트고, 이웃과 이웃간엔 인정이 넘실거리나 봅니다.
저 역시도 어릴 적에 이루고 싶었던 희망 하나가 있었습니다.
'어서 자라서 도시에 나가 최고의 여성이 되고 싶었습니다.' 하지만 그 희망은 순수하지 않았나 봅니다. 어느 순간 인간의 삶이 거짓과 욕심으로 가득 채워진 채 하루하루를 살아가는 모습이 내 눈에 가득했습니다. 그래서 나는 도시를 탈출해야겠다고 생각했습니다.

10월의 마지막 밤,
영등포역에서 남원행 마지막 열차에 몸을 실고 지리산으로 향했

습니다. 남원역에서 내려 택시를 타고 마천에 도착해보니 새벽 4시였습니다. 불빛이 있는 곳을 향해 30여분을 걸었습니다. 민가가 나올 것이다는 희망을 안고 걸었지만 우리의 예상과는 달리 돌 공장의 불빛이었습니다. 다시 20여분 남짓 걷다보니 산자락에 빨간 교회가 보였습니다. 그곳을 향해 걷다보니 어슴푸레 새벽이 밝아오고 저쪽에서 인기척을 느꼈습니다. 한 손에 성경책을 소중히 감싸 쥐고 새벽기도를 나가는 아주머니였습니다. 천왕봉을 오르는 칠선계곡 길을 물었습니다. 다행이 우리가 걸어 온 길이 칠선계곡을 향하는 길이었습니다.

천왕봉을 오르는 길은 많이 있습니다. 하지만 나는 나를 테스트해보고 싶었습니다. 그래서 일부러 더 험한 길을 택했습니다. 나의 나약함을 벗어내 버리고 싶었고, 지금까지의 나를 정리하고 싶었습니다. 거짓과 욕심에 찌든 나를 새 사람으로 거듭나게 하여 세상을 위해 일하는 사람으로 만들고 싶었습니다.

오늘 다시 희망등을 밝혀봅니다.

아직 이루지 못한 그 순수한 희망을 위해 기도합니다.

주저하지 말고 나아가길-.

마음을 속이지 않는 삶이길-.

욕심을 놓고 낮은자리로 향하는 마음이길-.

#32 자각

자각

스승님이 주신 의두가 있습니다.

'일상원(一相圓)'
'중도원(中道圓)'
'시방원(十方圓)'

일상원은 옛 부처님 나시기 전에 응연히 둥근 한 상으로 일원의 진리이며,
중도원은 일원의 교법을 말합니다.
시방원은 전 세계에 일원의 대도가 편만한 세계(一圓世界)입니다.

즉 우리가 일원의 교법으로 수행 정진하면 일상원에 합일, 합덕하여 중도원을 이루게 되고, 일원교화로 시방원을 이루자는 것입니다.

불을 켜는 당신의 마음을 헤아려 봅니다.
꼭 이루고픈 소망이 있기에 정성의 손길이 여기 모였나 봅니다.
자신의 수행정진, 교법체득
사회의 안녕질서, 행복나눔
국가의 평화염원, 태평성대

세계의 공생공영, 화합전진
결국 각자 각자가 이루고픈 소망이 이루어지면
사회도 국가도 세계도 모두가 평화로워진다는 사실을 알게 되었습니다.

눈에 보이는 일상적인 것만을 마음에 담아두기 보다는
눈에 보이지 않는 근본의 세계에 마음을 연하며
우리 모두가 큰 깨달음을 얻어야겠습니다.

#33 조화

조화

깊은 밤 홀로이 어둠을 밝히며 빛나는 둥근 탑이 아름답습니다.
온 세상이 이렇듯 밝게 빛나며
원만하게
둥글둥글
안락했으면 좋겠습니다.

아름다움은 조화이며, 희생인 것 같습니다.
자기만의 희생이 아니라 양보와 협조로 다 같이 조금씩 가진 것을 내어 주는 것입니다.
마음도 내어주고, 몸도 타인을 위해 봉사하고, 조금씩 조금씩을 양보할 때
나와 너, 우리가 아름다워 질 수 있습니다.
나는 아름다움을 위해 과연 어떤 희생을 할 수 있을까요?

희생정신이 많은 사람은
그 내면이 늘 둥근 탑처럼
밝게 빛나고 있을 것입니다.
빛나는 그 둥근 탑을 볼 수
있는 눈을 가진 사람 역시
도 아름다운 사람입니다.

세상에 아름다운 사람이 참
많아졌으면 좋겠습니다.

#34 장항대각상

장항대각상(獐項大覺相)

소태산 대종사 십상 대서사시 공연의 일부 장항대각상을 표현 한 사진입니다.

대종사님 스물 여섯 되던 병진년 사월 이십팔일 신새벽의 일이었습니다.
불현듯 정(定)에서 깨어 마당에 나가 하늘을 보니
별들은 초롱초롱 씻은 듯 깨끗한데 전에 보던 그 하늘이 아니었습니다. 새로움으로 가득한 새 하늘이었습니다.
큰 깨달음을 얻으신 대종사님께서 의관을 정제한 후,
"새로 맞는 아침은 전혀 다른 세상이로다. 노루목 넘는 장꾼들이 예사롭지 않아 보이고 사람들 하나하나가 큰 의미로 다가오더라."

대각하신 대종사님은 먼저 세상을 살피시고 '힘센 자가 약자 누르는 험악한 세상이라, 약자들 힘을 하나로 모을 법문을 설하시니',
"남녀노소 불문하고 배우기에 힘쓸 것이요, 약한 자들 서로 도와 경제 확립에 주력하라."

– 소태산 대종사 십상 대서사시 중에서 –

#35 불꽃놀이

불꽃놀이

정월 대보름이 되면 어김없이 쥐불놀이를 했습니다. 빈 깡통에 못으로 구멍을 여기 저기 뚫고 긴 철사를 양쪽에 메어 손잡이를 만들고, 송진이 가득한 솔가지와 솔방울을 깡통에 차곡차곡 채워 넣고 불씨하나 떨어뜨려 허공을 향해 원을 그리며 밤하늘을 밝혔습니다. 처음에는 천천히 돌리다가 불이 차츰 달아오르면 힘차게 돌렸습니다. 혹 어설프게 돌리면 깡통 속의 솔가지가

다 쏟아지기도 했습니다. 깡통 돌리는 것도 요령이 있어야 했습니다.

그렇게 활활 타오르는 불을 돌리면 모든 잡귀를 쫓고 액을 달아나게 하여 1년동안 아무 탈 없이 잘 지낼 수 있다고 믿었습니다. 활활 타오르는 깡통을 한창 돌리다 어느 정도 불이 사그라들면 허공을 향해 불 깡통을 높이 던졌습니다. 깜깜한 밤하늘을 수놓으며 불씨들이 반짝이며 내려오는 모습은 정말 아름답습니다.
한 겨울 가로등 불빛에 하얀 눈이 내리는 모습처럼 그렇게 까만 밤에 빨간 눈꽃이 내렸습니다.
별자리와 쥐불놀이에 관한 재미있는 이야기가 있습니다.

거리에서 한 남자가 쥐불놀이를 하고 있었습니다. 각 별자리의 반응은 어떠했을까요? 재미난 반응을 한 별자리를 몇 개 소개해 보겠습니다.

쌍둥이자리- 심심하던 차에 잘됐다. 그날 만나는 사람마다 자기가 본 것을 이야기 해 줍니다. 솜씨있게 유머와 위트를 더해서 말입니다.
게자리- 어릴적 쥐불놀이 하다 엄마에게 혼나며 놀았던 적이 그립다. 아! 옛날이여 ~.
사수자리- 와, 그거 재밌겠네. 나도 한 번 해 봅시다.

염소자리– 저런 천박한 짓을 하다니– 하며 조소한다.
황소자리– 무심히 한발짝 뒤로 물러나 걷는다. 소 닭 보듯이–. 만약, 입가에 미소가 보이면 집에 가서 혼자 해본다.
물고기자리– 불꽃축제가 한창인 영화 속에 빠져드는 상상을 한다.
사자자리– 자기를 위해 재롱을 떨어주는 것이라 간주한다. 다가가 머리를 쓰다듬어 준다.
전갈자리– 사수와 양자리를 바라보며 조용히 조소하듯 속삭인다. “고만 까불어라.” 그런데 깡통속의 불꽃 하나가 전갈에게 튀었다. 전갈은 분노하지만 이내 실수란 걸 꿰뚫어 보았다. 그리곤 주머니속 면도칼을 만지작거리며 이내 한마디 한다. “다음부터는 조심하세요. 특히 저한테는요.”

이 글을 읽는 당신은 어떤 별자리이십니까?

#36 과제물

과제물

스승님께서 우주의 큰 진리를 깨치시고 말씀하셨습니다.

"만유가 한 체성이며 만법이 한 근원이로다. 이 가운데 생멸 없는 도와 인과 보응되는 이치가 서로 바탕하여 한 두렷한 기틀을 지었도다."

삼라만상이 형형색색으로 전개되어 있지만 하나의 진리로 전개되었으며, 생함도 멸함도 없는 진리와 원인이 있으면 반드시 그에 따른 결과가 나타나게 된다는 진리를 밝혀주신 것입니다.
세상에는 변하는 것과 변치 않는 것이 있습니다.
생함도 멸함도 없는 그 세계가 있습니다.
이 두 가지의 속성이 서로 물고 물리는 바탕이 되는 관계를 밝혀주신 것입니다. 더 나아가 서로 바탕이 되는 관계도 밝혀 주신 것입니다.
결국 이 두 가지의 원리가 하나의 기틀로 형성되었음을 말씀해주셨습니다.
돌고 도는 일원상에서 어떤 의미가 느껴지나요?

윤회, 시작도 끝도 없는 진리, 한 가족, 우주 ….
헤아릴 수 없는 많은 현상을 내포하고 있는 것이 바로 저 둥근 일원상입니다.
일원상을 내 가슴에 모시고 늘 묻고 깨달아서 궁극에는 내가 일원상이 될 때까지….

조화

제 4 테마

harmony

조화는 거듭남이며 행복이며 평화입니다.
내가 할 수 있는 심신의 조화,
우리가 할 수 있는 조직 내에서의 조화,
결코 무시할 수 없는 것으로 평화를 가져옵니다.
오늘도 조화로우셨나요?

#37 좋은인연

좋은 인연

웃음이 피어나는 소박한 오후입니다.
일원의 텃밭을 갈고 일구며
평생을 동고동락 할 인연입니다.
그래서 만나면 반갑고, 눈길이 가고, 함께 하고픈가 봅니다.
힘들다 손 내밀면 쉬– 잡아주고,
괴롭다 마음조리면 다독여 주는 그런 좋은 인연.
우리가 이 생에 맺은 담담한 우정은
영원할 것이며
우리가 함께한 기약은
저 성탑 위에서 맴돌며 보이지 않는 조정자가 되어
나를 움직여 줄 것입니다.
오늘 맺은 좋은 인연.
영원히 여여(如如)하기를 웃음 속에 담아봅니다.

#38 두 손을 모읍니다

두 손을 모읍니다

두손을 모아 모아 모아보니
님께서 밝혀 주신 우주의 진리가 되고

두 손을 모아 모아 모아보니
님께서 밝혀주신 둥근 교리가 되었네

두 손을 모아 모아 모아보니
님의 원만구족 지공무사 그 모습이요

두 손을 모아 모아 모아보니
님들의 예쁜마음 그대로일세.

한 손은 신앙의 손이 되고
한 손의 수행의 손이 되어
두 손을 합하니 둥근 교리 되네

둥근 진리 실천할 님들의 어여쁜 손에
오늘은 님의 둥근 자비 피어나니
자타미오 가림없는 둥근향기 뿜어내길 –

#39 이상

이상

체게바라는 '나의 삶' 이란 글을 통해 다음과 같이 말했습니다.
"내 나이 열 다섯 살 때 '무엇을 위해 죽어야 하는가' 를 놓고 깊이 고민했습니다.
그리고 '그 죽음조차도 기꺼이 받아들일 수 있는
하나의 이상을 찾게 된다면 나는 비로소 기꺼이 목숨을 바칠 것을 결심한다.'"고 했습니다.

님이여!
님은 그 하나의 이상을 찾았겠지요.
한 목숨 기꺼이 내어 바칠 그 이상을 찾았겠지요.
그 이상을 향해 용기를 가지고 올인하겠지요.
그러한 님이 존재하기에
세상은 달라지나 봅니다.
제 인생 역시도 말입니다.

#40 세월의 자리

세월의 자리

세월은 흔적을 낳고
흔적은 상품이 되고
상품은 인연을 만납니다.

여기 모인 석공들의 인연,
바라보면 볼수록
여유가 느껴집니다.
천진스럽습니다.
꾸밈이 없습니다.
그래서
더 빛나는 자리입니다.

님의 자비

눈 내린 세상은
고요 적정의 참 맛을 더해 주고
눈 덮힌 만물의 평화는
님께서 노닐던 삼매의 세계
하얀 그 마음에 흔적을 남기면
그건 바로
님의 자비 아닐 런지요.

그립습니다.
그리움이 눈꽃송이 되어 내린 아침이면
더욱
더 ….

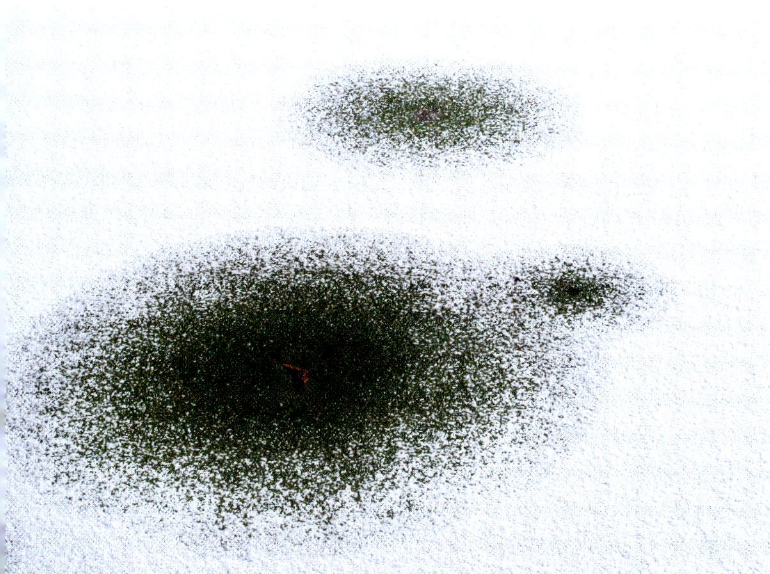

#42 가슴 속 응어리

가슴 속 응어리

아직 풀지 못한 내 가슴 속 응어리진 그 자리에 오늘은 새파란 님의 온기가 깃들었습니다. 살면서 늘 맑은 하늘이길 기대하지는 않습니다. 그렇다고 늘 우울한 진동모드가 아니길 기대하지도 않습니다. 이렇게 가끔 파아란 꿈이 가득 담긴 님의 온기가 내 가슴에 가득 채워지길 염원할 뿐입니다.

한 마음 열면 가득 담을 수 있는 님의 훈훈한 온기가 있는데, 우리들은 그 한마음을 열지 못해 날마다 새로운 응어리 하나씩을 가슴에 쌓아가고 있습니다. 오늘 하나 쌓았다고 그 가슴이 무너지는 것은 아닙니다. 또 내일 하나 쌓는다고 그 가슴이 영영 닫히는 것은 아닙니다. 하지만 하나가 모여 둘이 되고, 둘은 넷이 되고 넷은 여덟이 되어 어느 순간 감당하지 못할 지경이 되고 맙니다. 이 사실을 알면서도 앎에 그칠뿐 풀어낼 방도는 막막한 경우가 많습니다.

응어리진 그 마음 풀어내고 한마음 여는 방법은 무엇일까요?
나를 나로 보지 말아야 합니다. 나를 상대로 바꿔봅시다. 상대를 나로 볼 때 그 한마음이 열리게 됩니다. 많은 사람들이 자신에게는 늘 너그러운 편이니까요.

내게는 상대이면 상대 역시 나 입니다. 그렇게 보면 자신도 상대방도 가슴속 응어리를 하나씩 둘씩 풀어갈 수 있습니다.

님의 따라 온기는 봄날의 아지랑이와도 같습니다. 그 피어오른 아지랑이를 보며 사람들은 또 한해의 봄을 점치기도 하며, 희망을 품기도 합니다. 늘 언제나처럼 꽁꽁 얼어 있는 가슴 속 응어리가 있다면, 이제 풀어 보십시요.

자비의 온기로,

용서의 온기로,

사랑의 온기로 …

숱한 가슴 속 응어리를 푸는 최고의 묘약이 될 것입니다.

#43 샘물

샘물

페르시아 문학의 신비파를 대표하는 시인 '루미' 는 "물이 흐르는 곳이면 어디든지 생명이 피어난다. 눈물이 떨어지는 곳이면 신의 자비가 드러난다."고 했습니다.

하고자 했으나 이루지 못했고, 만들고자 했으나 쉽사리 되지 않으며, 이루고자 했으나 결국 망가져 버리고 말았던 기억들이 스쳐 지나갑니다.
함께 구르고자 하나 움직일 수가 없고, 무심으로 흘러 보내고 싶었지만 늘 걸려있는 일들이 있습니다.
씻고자 하나 흐르는 물에 씻기지 않고, 덮고자 하나 다 덮을 수 없는 내 기억의 편린들이 오늘 계곡의 조약돌 되어 가슴 속 깊은 이랑을 만들었습니다.

참회의 눈물꽃으로 아름답던 그 옛날의 생명을 다시 피워낼 때 가슴 속 깊은 이랑, 이랑엔 용서의 샘물도 솟아날 것입니다. 그 자비의 샘물에 일원의 돌꽃도 피어났나 봅니다.

설화

겨울 산하의 모든 나무들은 순백의 웨딩드레스를 자주 입게 됩니다.
늦가을에 많이 볼 수 있는 이 꽃의 이름은 모란채 입니다.
잎모란, 캐비지 플라워, 꽃양배추라고 부릅니다.
양배추와 많이 닮아서 이 꽃을 길거리의 화분에서 처음 봤을 때는 왜 양배추를 관상용으로 저렇게 심었을까? 하는 생각도 했습니다.
한 겨울 소복이 내린 눈을 웨딩드레스 삼아 수줍음에 떨면서도 제 선명한 색깔을 잃지 않는 이 꽃을 본 순간 장영희씨가 '문학의 숲을 거닐다' 에서 소개해 준 에밀리 디킨슨의 시 한 구절이 생각났습니다.

"사랑은– 생명 이전이고
죽음– 이후이며
천지 창조의 시작이고
지구의 해설자"

장영희씨는 에밀리 디킨슨을 이렇게 소개했습니다.

"에밀리 디킨슨의 생애에서 가장 유명한 에피소드는 그녀의 칩거 생활과 흰색 옷입니다. 그녀는 일생동안 자기 집 문지방을 한 번도 넘지 않았고, 30대 후반부터 죽는 날까지 철저하게 흰색 옷만을 고수했답니다. 이러한 고립생활과 흰옷에 대해 사람들은 그녀가 겪은 사랑의 경험일 것이라 말하기도 합니다. 그렇지만 그토록 절실한 사랑의 대상이 누구였는지는 아직도 확실하지 않습니다. 연대미상의 또 다른 시에서 그녀는 "내 생명이 끝나기 전에 나는 두 번 죽었습니다."라고 했습니다. 그 의미는 사랑하는 사람과 이별하는 죽음과도 같은 고통을 두 번 겪은 것으로 해석되고 있는데, 첫 번째 그녀의 흰 옷은 육체의 죽음을 의미하는 수의를 의미하고, 두 번째는 사랑하는 사람과의 영적 결합을 의미하는 순결한 웨딩드레스의 의미를 동시에 갖고 있었는지 모른다."고 말했습니다.

그 어떤 이유든지 이룰 수 없는 사랑은 언제나 이별의 슬픔을 견뎌내야 하는 아픈 경험입니다. 하지만 이러한 고통은 우리들로 하여금 삶의 궁극적인 의미를 주는 또 다른 비상구를 만들어 줍니다. 그 비상구가 문학작품으로 승화되기도 하고, 예술로 승화되기도 합니다.

한 겨울 순백의 웨딩드레스를 입은 산하가 아름다운 이유는 고통을 승화시킬 힘을 갖게 하거나, 또한 그 만한 가치가 있기 때문이 아닐까? 생각해 봅니다.

#45 홍시

홍시

밝게 빛나는 태양 아래 투명한 속살을 내보입니다.

살짝 붉은 것이 아낙네의 얼굴이요
토실하고 말랑한게 여인네의 가슴이라
한입 베어 입에 물 적
첫사랑의 그맛이요
두입 베어 입에 물적
사랑고백 그맛이라
강보에 아이 싸듯
속살 깊이 씨 감추고
자기 한 몸 보시하여
까치밥이 되더라도
후대기약 하였음에 서럽지 않다하네.

김치용 님의 '홍시예찬' 입니다.
창공에 우뚝 솟아 찬바람에 당당히 맞서는 초겨울의 홍시꽃은 우리에게 또 다른 즐거움을 전해줍니다.

누가 그려달라 하지 않아도 날마다 새 그림을 완성하는 아침이 있습니다.

'너 그렇게 되어 보라' 고 부탁하지 않건만 흐르는 세월 속에서 늘 결실을 맺는 정성이 있습니다. 초겨울 앙상한 가지 위에 붉은 홍시가 꽃으로 만발했습니다. 추울세라, 떨어질세라, 하얀 솜이불로 가지를 덮는 깊은 우정이 함께하기에 더 아름답습니다.

#46 하얀 아침

하얀 아침

비갠 후, 푸른 산들은 한바탕 단장을 끝내고 하얀 목도리를 둘렀습니다. 그리고 감기에 걸릴까봐 새하얀 양모이불을 덮고 편안한 휴식에 들었습니다. 그 잠든 산을 바라보니 삼라만상이 모두 그렇게 선침(禪寢)에 들었나 봅니다. 한참을 그렇게 지내던 산하에 하얗던 구름 섬들은 일순간 주홍빛 맑은 섬들로 변하고 긴 하루의 짧은 해후를 슬퍼합니다. 반짝 내 비친 석양의 노을빛은 또 따른 회색빛 양모이불을 내 보이더니 이내 하얀 솜을 방울방울 세상을 향해 뿌렸습니다.

어제와 달리 오늘은 하얀 아침이 되었습니다. 나무도 벤치도 겨울의 선침에 들었습니다. 하루, 이틀, 사흘…. 생명의 훈훈함이 있어 행복한 겨울입니다.

#47 석양

석양

서산에 해가 잠시 동안 머물며 안녕을 말합니다.
붉은 웃음 전하며 저마다 돌아갈 그 곳을 향해갑니다.
두 팔 벌려 넉넉한 자연의 품으로 -

프랑스 시인 자크 프레베르는 그의 시 '고엽' 에서 이렇게 노래했습니다.

"기억하라
함께 지낸 행복했던 나날들을.
그때 태양은 훨씬 더 뜨거웠고
인생은 훨씬 더 아름다웠지.
나는 그 나날들을 잊을 수가 없어" -하략-

누구에게나 태양처럼 뜨거웠던 시절이 있었을 것입니다. 아름답고 뜨거웠을 나날들과 그리움, 슬픔, 회한의 시간들이 태양처럼 뜨겁게 밀려왔을 시간들을 뒤로 하고 지금 이 자리에 서 있습니다.

지는 햇살 받으며 그리움을 녹이고, 슬픔, 회환의 정들을 삭이며 석양과 함께 자연의 품으로 돌아갑니다. 가는 그 순간까지도 기억할 것입니다. '함께 지낸 행복했던 나날들을 –'

#48 회향

회향

1.
가질 것도 버릴 것도 없는 그 자리를 향해
오늘도 하루 종일 날아왔습니다.
적자색 노을이 피어날 때면 그는 늘 떠나갑니다.
안락했던 처음 그 자리를 향해 –.

2.
누구나 첫 출발은 힘찹니다.
꿈이 있고, 목표가 있고, 희망이 있기에 첫 날개짓은
새털처럼 가볍습니다.
설렘과 기대와 신비함이 있기에
처음 그 날개 짓의 다짐을 놓아서는 안 됩니다.
하루의 끝에 찾아드는 찬란한 황홀을 맞이하기 위해 –.

3.
둥근 해가 맑은 하늘의 주인이 될 때는 큰 소리를 더 잘 듣게 됩니다. 하지만 낮 동안의 주인자리를 달님에게 내어주는 해질녘이면 우리가 듣지 못했던 많은 소리를 듣게 됩니다.
가을걷이가 끝난 들녘에 서면 알 수 없는 생명들의 노랫소리를 듣습니다. 그건 아마도 귀가를 서두르는 생명들의 소리일 것입니다.
낮 동안의 활동을 접고 안락한 그 자리에 돌아가는 경쾌한 생명의 발걸음. 그 발걸음이 있기에 내일을 기약하고, 늘 거듭날 수 있나 봅니다.

일원상, 행복하게 빛날 때

인 쇄 2007(원기 92)년 8월 27일
발 행 2007(원기 92)년 8월 31일
저 자 이성심
펴낸곳 도서출판 동남풍
펴낸이 김 영 식
등록번호 제66호(1991.5. 18)
주소/전북 익산시 신용동 344-2
전화/ 063)854-0784

잘못된 책은 바꿔드립니다.

정가 : 8,000원